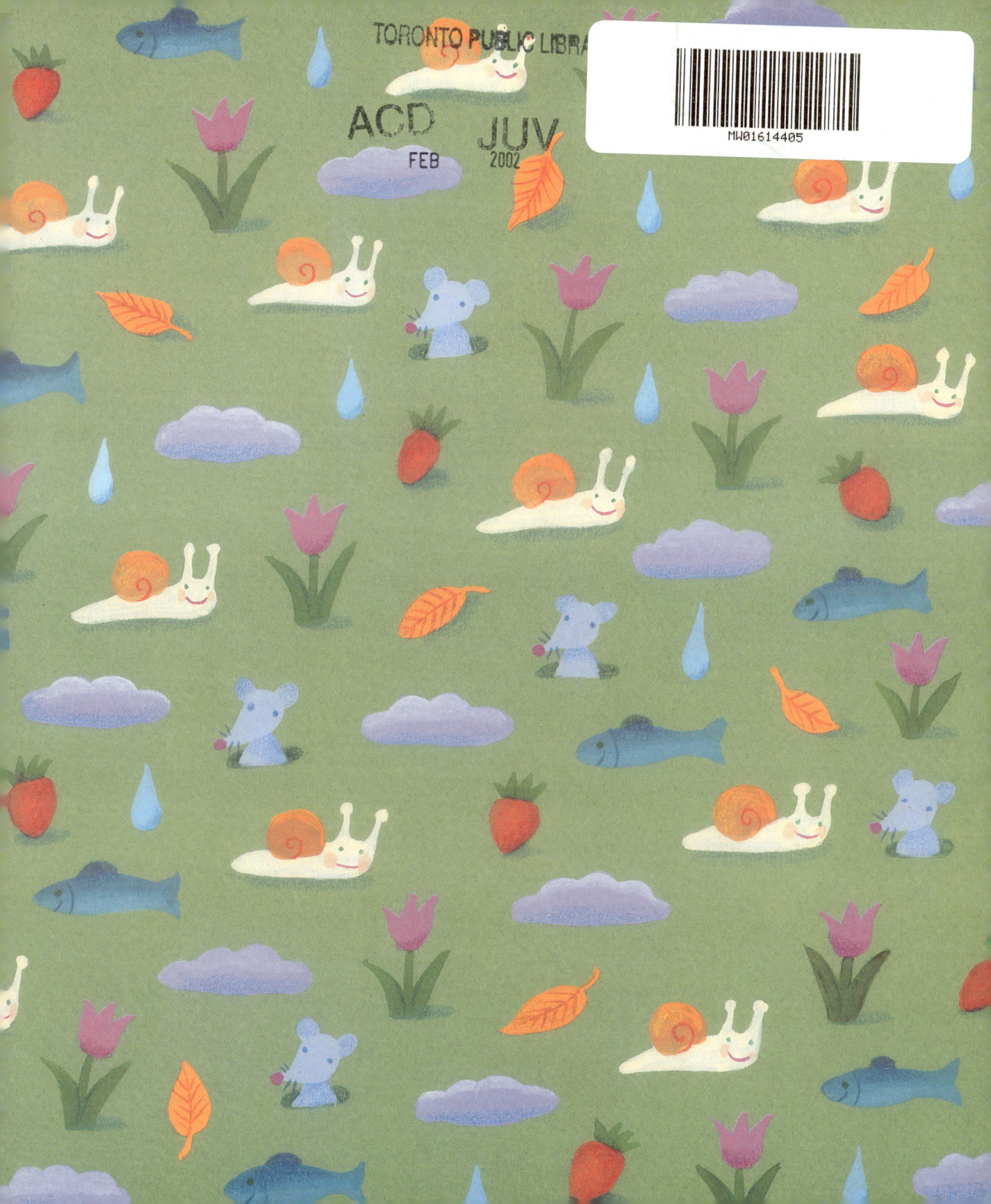

Je sais reconnaître
la nature

Lucie DVOŘÁKOVÁ

Gründ

le soleil

la pluie

la rivière

le sous-sol

l'herbe

les fleurs

l'arbre

le champignon

le scarabée

le poisson

l'oiseau

le chat

le printemps

l'été

l'automne

l'hiver

Sommaire

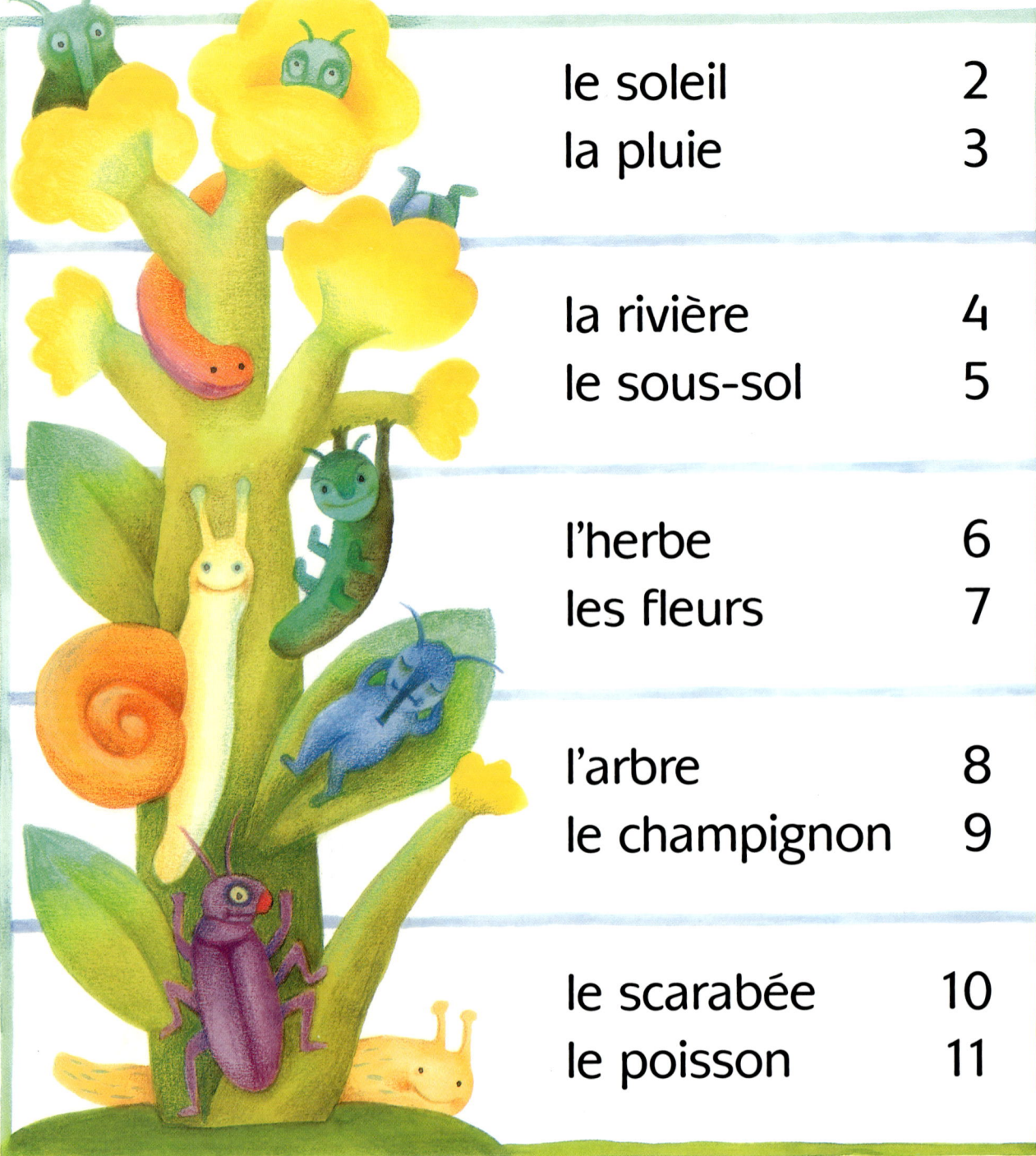

Texte original: Lucie Dvořáková

Adaptation française et secrétariat d'édition:

Christophe Tranchant

Première édition française 2000 par Éditions Gründ, Paris

© 2000 Éditions Gründ pour l'édition française

ISBN: 2-7000-3662-X

Dépôt légal: août 2000

Édition originale 2000 par Brio, s.r.o., Prague, sous le titre

Moje první knížka o přírodě

© 2000 nakladatelství Brio, s.r.o., Prague

Imprimé en République tchèque

texte composé en Mixage MedRo1

Loi n° 49-956 du 16 juillet 1949 sur les publications

destinées à la jeunesse